L'ARTICLE 75

DE LA CONSTITUTION DE L'AN VIII

IMPRIMERIE GÉNÉRALE DE CH. LAHURE
Rue de Fleurus, 9, à Paris

L'ARTICLE 75

DE LA CONSTITUTION DE L'AN VIII

SOUS LE RÉGIME

DE LA CONSTITUTION DE 1852

PAR

M. CASIMIR PERIER

> Si la puissance de juger était jointe à la puissance exécutrice, le juge pourrait avoir la force d'un oppresseur.
>
> (MONTESQUIEU. *Esprit des lois*, liv. XI, chap. VI.)
>
> Si l'administration pouvait se couvrir de l'article 75 de la Constitution de l'an VIII, lorsqu'on s'adresse à l'un de ses agents pour obtenir la restitution de ce qu'il a pris, la loi civile n'existerait que sous le bon plaisir du chef de l'Etat....
>
> La propriété ne serait plus en France que ce qu'elle est en Orient, elle n'existerait qu'avec la tolérance de l'autorité publique.
>
> (*Recueil périodique de* DALLOZ, 66, — I ,— 49.
>
> Si l'administration a désormais chez nous la puissance de se mettre au-dessus des lois en cette matière, elle pourra, par les mêmes motifs et sous les mêmes prétextes, opérer des exils ou des bannissements administratifs.
>
> (M. E. REVERCHON. *De la Saisie administrative*, page 20.)

PARIS

ARMAND LE CHEVALIER, EDITEUR

RUE DE RICHELIEU, 61

1867

'Je dois peut-être quelques explications à
ceux que pourrait surprendre, au premier regard jeté sur cet écrit, un luxe inusité de mar-
ges et de feuilles blanches. Je les supplie de

croire que ce n'est point, de ma part, une fan-

taisie.

En vertu de l'article 2 du sénatus-consulte du 18 juillet 1866, quiconque veut écrire sur la Constitution, ou parler de la Constitution dans un écrit, non pas seulement pour la critiquer mais encore pour examiner les améliorations et, par conséquent, les *modifications* dont elle est susceptible, est tenu d'employer au moins dix feuilles d'impression, ayant de vingt-cinq à trente-deux décimètres carrés chacune [1].

1. Est interdite toute discussion ayant pour objet la critique ou la modification de la Constitution et publiée ou

C'est là un des derniers changements appor-
tés aux institutions qui nous régissent. J'ignore
si les auteurs de ce changement l'ont destiné à
préparer LE COURONNEMENT DE L'ÉDIFICE et à
faire présager ce que, dans leur pensée, doit
être ce couronnement.

J'avais à choisir entre trois partis : délayer
mes réflexions et les allonger jusqu'à la mesure voulue ; faire imprimer n'importe quoi,

reproduite soit par la presse périodique, soit par des affi-
ches, soit par des écrits non périodiques des dimensions dé-
terminées par le paragraphe 1er de l'article 9 du décret
du 17 février 1852. (Sénatus-consulte du 18 juillet 1852 qui
modifie la Constitution et notamment les articles 40 et 41,
— article 2.)

sous forme d'appendice ou sous prétexte de notes ; laisser du papier blanc.

J'ai pris le dernier parti et je crois que c'était le meilleur.

I

I

Si, en ouvrant un matin le *Moniteur*, chacun y avait pu lire que, désormais, les biens et la liberté des citoyens seraient à la merci de tout agent de l'administration, pourvu qu'un ministre non responsable vînt revendiquer la responsabilité de l'acte de son subordonné; qu'aucune spoliation, aucune violence, de la part d'un fonctionnaire quelconque, ne pourrait être réprimée par la justice, qu'aucun juge n'en pourrait connaître, lorsqu'un ministre viendrait dire qu'il s'agit d'une mesure politique ordonnée par lui; si, dis-je, le *Moniteur* avait franchement et crûment affiché cette monstrueuse doctrine, la France entière se serait émue et, quel que soit le triste affaissement de l'esprit public, nous ne doutons pas que pareille déclaration n'eût soulevé l'indignation générale. Eh bien, ce qu'on ne proclame pas est fait; cette omnipotence et cette impunité de l'arbitraire sont créées ; la séparation des pouvoirs n'existe plus en France.

Montesquieu a dit : « Il n'y a point de liberté si la puissance de juger n'est pas séparée de la législative et de l'exécutrice ; si elle était jointe à la puissance législative, le pouvoir sur la vie et la liberté des citoyens serait arbitraire, car le juge serait législateur ; SI ELLE ÉTAIT JOINTE A LA PUISSANCE EXÉCUTRICE, LE JUGE POURRAIT AVOIR L

FORCE D'UN OPPRESSEUR. » Cette dernière hypothèse résume la situation de la France
en 1867, un siècle après Montesquieu,
soixante-dix-huit ans après 1789. Telle est la
conséquence qui ressort en plein, sans con-
testation possible, de l'usage que, grâce à
la combinaison du régime politique inau-
guré par la Constitution de 1852 et de la
jurisprudence créée par les décisions de la
Cour de cassation et par l'arrêt du Conseil
d'État du 9 mai 1867, le pouvoir exécutif
peut faire de l'article 75 de la Constitution
de l'an VIII[1].

1. « Les agents du Gouvernement autres que les

La saisie administrative est certainement une des plus ingénieuses et des plus déplorables inventions de l'esprit d'arbitraire [1].

C'était une des humiliations réservées à notre époque de voir cet expédient d'un pouvoir qui fuit la discussion et redoute les décisions de la justice, exhumé de

ministres ne peuvent être poursuivis pour des faits relatifs à leurs fonctions qu'en vertu d'une décision du Conseil d'État. » (Constitution de l'an VIII ; article 75.)

1. « Les saisies et les confiscations administratives ne sont pas d'invention récente. Elles existaient avant les lois de 1819. Nous les trouvons, sous le régime impérial, dans l'article 26 du décret du 5 février 1810.

l'oubli après cinquante ans et ajouté à

tant d'autres expédients non moins des-

tructeurs de tout ordre civil et politique.

Lorsque la saisie administrative, en vertu

d'une circulaire fameuse et en violation des

« La saisie et la confiscation administratives étaient les tristes compagnes de la censure avec laquelle elles ont dû disparaître. Les rétablir maintenant, ce serait les faire revivre, destituées même des garanties que la presse rencontrait contre la censure dans le recours aux hautes commissions qui n'existent plus aujourd'hui. »
(Plaidoirie de M⁵ Groualle, président de l'ordre des avocats au Conseil d'État, à l'appui du recours formé par Monseigneur le duc d'Aumale et par M. Michel Lévy contre la décision du Ministre de l'intérieur en date du 18 juin 1866.)

lois, fut appliquée à l'histoire des Princes
de Condé, lorsque Mgr le duc d'Aumale
et M. Michel Lévy virent des agents de
la police s'emparer, par le droit de la
force, l'un de sa propriété intellectuelle,
l'autre de sa propriété matérielle et s'adres-
sèrent en vain à tous les degrés de juridiction pour faire respecter les lois, la
surprise et la réprobation furent vives,
sans doute, chez ceux qui ont encore souci
du droit et de la justice; mais cette impression ne s'étendit guère dans le gros du
public, blasé sur l'arbitraire, où chacun
semble de plus en plus enclin à ne s'in-

quiéter que de ce qui porte une atteinte directe à ses intérêts personnels et immédiats. Aux yeux de ce public, non-seulement il ne s'agissait que d'une propriété littéraire, du droit d'un écrivain, du droit d'un éditeur, toutes choses dont trop de gens font volontiers bon marché ; mais le nom d'un illustre exilé dominait le débat. Or, parmi ceux même qui gardent le souvenir de grands services rendus, le respect de grandes infortunes imméritées et noblement supportées, trop de gens craignent de laisser deviner des sentiments qui les honorent, craignent d'être accusés de faire

une question de parti d'une question de
droit et de liberté [1].

Il faut dire que les Césariens et leurs al-

1. Deux autres exemples de saisies administratives sont à mentionner. Dans le premier cas, celui
de M. le duc de Broglie, la tentative a été abandon-
née ; les exemplaires saisis d'un écrit non destiné
à la publicité ont été rendus et il est probable que
l'administration, mieux inspirée cette fois, a reculé
devant le scandale d'une pareille brutalité envers
un homme illustre universellement respecté.

Dans le second cas, celui de M. Pelletan, la saisie
s'est adressée à une brochure préparée en vue des
élections au Corps législatif ; le but a été atteint
puisque la publication a été empêchée à l'heure où
elle avait raison d'être et utilité. Lorsqu'on offrit plus
tard la restitution, M. Pelletan, comme il convenait
à sa dignité, repoussa avec dédain une réparation
dérisoire.

liés de la démocratie autoritaire ne man-
quent jamais d'éluder ou de dénaturer les
questions qui les gênent. L'esprit public s'est
énervé, le sens politique s'est émoussé dans
le silence forcé de la presse indépendante,
dans le silence volontaire et, ce qui est pis
encore, dans les complaisantes réticences,
les diversions calculées de la presse auxi-
liaire ou complice ; de sorte que, grâce au
particularisme, à l'égoïsme et à la pusilla-
nimité, la liberté perd tout ce que ceux qui
la désertent abandonnent à leurs passions
et à leurs préjugés ou sacrifient à leur fai-
blesse. Aujourd'hui cependant, et depuis

l'arrêt du Conseil d'État, il est devenu évident que des principes généraux sont enga-
gés dans le débat et que « *c'est la propriété,
celle de tout le monde qui est mise en
question et, avec la propriété, l'ordre civil
tout entier* [1]. Le fond du litige, les qualités
des personnes, le nom des persécutés et des
persécuteurs, tout s'est effacé, tout a disparu derrière l'énormité et derrière les sui-
tes possibles de la doctrine qu'il a fallu
soutenir pour dérober de tels excès aux
décisions judiciaires et pour couvrir d'ap-

1. *Rec ueil périodique* de Dalloz, 66. I. 49.

parences telles quelles, le plus inconcevable déni de justice [1].

1. « DEUX DES MEMBRES LES PLUS ÉMINENTS DU CONSEIL D'ÉTAT QUE JE NE NOMME PAS ICI MAIS QUE J'ESPÈRE POUVOIR NOMMER AILLEURS, M'ONT DIT QUE CETTE JURISPRUDENCE CONSTITUAIT LA PLUS ÉNORME ABERRATION JURIDIQUE QU'ILS EUSSENT JAMAIS RENCONTRÉE. »

(*De la Saisie administrative*, par M. Reverchon, avocat à la Cour impériale de Paris, ancien avocat au Conseil d'État et à la Cour de cassation, ancien maître des requêtes au Conseil d'État. Paris, chez Marescq aîné, libraire, 17, rue Soufflot.)

II

II

Comment une pareille monstruosité
a-t-elle pu naître, comment peut-elle
subsister encore ? Elle est née d'une circulaire ministérielle, d'un acte qui, même
régulier, n'a point de valeur légale, qui

n'a qu'une valeur administrative et qui
n'en peut avoir aucune lorsqu'il est en
opposition avec la loi ; c'est devant cet
acte, radicalement nul et non avenu, que
se sont inclinés, tour à tour, le tribunal
de première instance de la Seine, la Cour
impériale de Paris, la Cour de cassation
et le Conseil d'État. Cet acte, qui met une
consigne à la place de la loi, M. le vicomte Lanjuinais l'a appelé justement
« UNE MAINMISE MATÉRIELLE SUR LA PRO-
PRIÉTÉ ; » il s'est étonné que le Sénat eût
failli à son devoir en ne l'annulant pas
comme inconstitutionnel, et il s'est écrié,

sans que personne pût s'y opposer ou le contredire : « Voilà l'acte que ceux qui se présentent comme les protecteurs de la propriété laissent subsister pendant six ans [1]. » A mon tour, j'ai le droit de dire : C'est ainsi qu'on égare les peuples et c'est ainsi qu'ils se pervertissent ; c'est ainsi qu'ils perdent le respect dû à la morale, à la justice et aux lois, lorsque l'exemple de la négligence ou du mépris des garanties de tout ordre social est donné par ceux même qui sont chargés de les défendre.

1.

Dans le naufrage de nos libertés, deux choses semblaient avoir échappé aux étreintes de l'omnipotence administrative : la propriété et la liberté individuelle. Il y avait eu les décrets de confiscation des biens de la maison d'Orléans et les lois dites de sûreté générale ; mais le premier de ces actes, accompli au lendemain du coup d'État de 1851, avait soulevé un sentiment trop général de répulsion pour ne pas rester une exception, et, d'ailleurs, frappant des princes, blessait les consciences sans alarmer les intérêts. Les lois de sûreté générale, après avoir été rudement appliquées, étaient tombées sous la réprobation de ceux même que la peur y avait fait applaudir et que la prudence détournait de les approuver plus long-temps.

Il a fallu une voie de fait commise par un fonctionnaire d'un ordre élevé; il a fallu une série de procès, l'impunité de l'arbitraire consacrée par une succession de jugements et d'arrêts; il a fallu l'audacieuse extension donnée à l'article 75 de la Constitution de l'an VIII, pour montrer aux plus aveugles la réalité d'un danger sur lequel il serait désormais absurde et coupable de fermer les yeux.

Plusieurs jurisconsultes, plusieurs publicistes éminents ont jeté une vive lumière sur cette question : Mᵉ Groualle, président de l'ordre des avocats au Conseil d'État, dans son éloquente plaidoirie ; M. E. Reverchon, ancien maître des requêtes, dans son remarquable écrit sur la saisie administrative [1]; M. le vicomte

1. *De la Saisie administrative. Question de compétence*, par E. Reverchon, avocat à la Cour impériale de Paris, ancien avocat au Conseil d'État et à

Lanjuinais, au Corps législatif, dans la séance du 3 juillet 1867. A ces autorités, j'ajouterai le recueil justement estimé de M. Dalloz.

Pour ma part, je ne m'étendrai sur le côté juridique de la question qu'autant qu'il sera nécessaire pour appuyer les considérations générales et politiques que je désire ajouter à l'argumentation de ceux qui m'ont précédé. Je ne dirai des faits que ce qui sera indispensable. Ce que je

la Cour de cassation, ancien maître des requêtes au Conseil d'État. — Paris, 1867, Marescq aîné, libraire, 17, rue Soufflot.

veux prouver c'est que, grâce à la jurisprudence des Tribunaux et à celle du Conseil d'État, combinées avec l'irresponsabi-
lité ministérielle et l'impossibilité d'appel
devant un corps politique, l'article 75 de
la Constitution de l'an VIII est devenu,
sous le régime actuel, le plus puissant
instrument d'arbitraire et d'oppression
qu'aient jamais pu rêver les plus ardents
fauteurs du pouvoir absolu.

Il résulte, en effet, de l'arrêt du Conseil
d'État du 9 mai 1867 que lorsque les Tribunaux, les Cours d'appel et la Cour de

cassation, se sont déclarés incompétents pour connaître, même à fin de simple réparation civile, d'un abus de pouvoir commis par des subalternes qui se retranchent derrière l'article 75 de la Constitution de l'an viii, le Conseil d'État ne peut être saisi de la demande en autorisation de poursuites, si le ministre de qui l'agent relève déclare que l'acte déféré à la justice est un acte politique qu'il a ordonné ou qu'il approuve; de sorte que les biens, la liberté, la vie même des citoyens [1] sont,

1. Il n'y a point d'exagération à étendre jusque-là les conséquences possibles de la nouvelle doctrine. La raison politique pourrait être invoquée

sans recours, sans réparation possible, à la merci de tout agent administratif couvert par la prétendue responsabilité d'un ministre, non responsable si ce n'est devant l'Empereur. Telle est la démonstration qui ressort si clairement des faits que je n'aurai pas de peine à la rendre irréfutable.

pour soustraire aux décisions de la justice le meurtre commis par un fonctionnaire aussi bien que l'attentat à la propriété et à la liberté individuelles. Et, d'ailleurs, en écartant même une telle supposition, est-ce que l'incarcération, l'exil, la déportation ne peuvent pas avoir, sur la vie des citoyens, une influence décisive et fatale.

III

III

M. Michel Lévy chargé, en 1861, d'imprimer pour Mgr le duc d'Aumale une histoire des Princes de Condé pendant les sei-
zième et dix-septième siècles, accomplit ré-

gulièrement toutes les formalités exigées par les lois et règlements. Une première déclaration fut faite le 9 avril 1862 et renouvelée le 12 janvier 1863, par suite de quelques modifications dans le plan de l'ouvrage.

L'administration connaissait donc parfaitement la nature de la publication que se proposait de faire M. Michel Lévy et c ll laissa cette opération se poursuivre librement pendant près de dix mois. Le tirage définitif était commencé et la plus grande partie des feuilles du premier volume était remise au brocheur, lorsque la

saisie eut lieu par le ministère d'un commissaire de police, le 19 janvier 1863.

Après de vaines tentatives pour obtenir
la restitution, requête est portée devant
le tribunal de première instance.

M. le Préfet de police invoque d'abord
l'incompétence, puis cherche à s'abriter
derrière l'article 75 de la Constitution de
l'an viii, soutenant que l'autorisation de
poursuivre doit être reproduite.

Le tribunal accueille cette exception par
jugement du 20 mai 1863.

Appel devant la Cour impériale qui confirme, par arrêt du 16 juillet 1864.

Pourvoi en cassation; rejet le 15 novembre 1865.

Demande en autorisation de poursuites est alors présentée au Conseil d'État.

Le 31 mars 1866 la section de législation refuse l'autorisation, se fondant sur ce que « LE PRÉFET DE POLICE AVAIT PROCÉDÉ EN VERTU DES ORDRES DE SON SUPÉRIEUR HIÉRAR-CHIQUE. »

Recours au Ministre de l'intérieur pour obtenir l'annulation de la mesure extralégale et la restitution des exemplaires saisis.

Refus du Ministre, notifié par lettre du 18 juin 1866.

Recours au Conseil d'État (section du contentieux) contre cette décision.

Tel est l'état dans lequel l'affaire se présentait devant le Conseil d'État en mai 1867, et on comprend que Me Courot ait pu l'exposer en ces termes : « Depuis plus de quatre années une propriété privée a été saisie; un obstacle absolu a été apporté à l'exécution d'une convention légalement, loyalement formée; depuis plus de quatre années nous demandons satisfaction par tous les moyens que le législateur a mis à notre disposition.

« Or, non-seulement nous n'avons pu obtenir, jusqu'à présent, la restitution des exemplaires saisis et la reconnaissance de notre droit, mais encore, partout et toujours, nous avons été repoussés par une fin de non-recevoir :

« *Devant les tribunaux ordinaires*, pour défaut d'autorisation préalable prescrite par l'article 75 de la Constitution de l'an VIII;

« *Devant la section de législation*, parce que M. le Préfet avait agi en vertu des ordres de son supérieur hiérarchique ;

« *Devant le Ministre*, parce que nous avions déjà saisi l'autorité judiciaire et que la section de législation nous avait refusé l'autorisation de poursuite.

« Modifiant ainsi son exception, selon les degrés de juridiction, L'ADMINISTRATION EST PARVENUE A FAIRE FERMER SUCCESSIVEMENT DEVANT NOUS TOUTES LES PORTES DE LA JUS- TICE.

« Si l'ouvrage en question contient une attaque contre nos institutions politiques actuelles, qu'il soit déféré aux tribunaux; nous le comprenons, nous le demandons même.

« Mais si, au contraire, il est irrépro- chable (comme l'administration le recon-

naît elle-même, puisqu'elle refuse obstiné-
ment de nous poursuivre), pourquoi ne
pas nous rendre les exemplaires saisis ?

« Pourquoi surtout avoir laissé sciem-
ment s'exécuter en partie une convention
que l'on était résolu à interdire?

« Quelque nom que l'on donne à l'acte
du 19 janvier 1863, il faut reconnaître
qu'à l'égard des exposants, c'est une véri-
table confiscation [1] et une confiscation d'une

1. L'exactitude de cette qualification a été con-
testée sous prétexte que l'administration avait of-
fert de rendre, en pays étranger, le livre qu'elle
détenait. Je crois, en effet, qu'à certains égards il

NATURE BIEN ÉTRANGE, PUISQU'ELLE SERAIT SANS RÈGLE, SANS AUTRES LIMITES QUE LE BON VOULOIR DE L'ADMINISTRATION. »

La saisie était irrégulière; le maintien

n'y a pas eu ici une confiscation proprement dite, puisque la confiscation dans les cas où elle est permise ou ordonnée par notre législation actuelle, n'est jamais qu'une peine ou que l'accessoire d'une peine prononcée par la justice. Dans l'espèce, au contraire, il y a simplement le fait d'un homme, fonctionnaire ou non, qui, écartant absolument toute intervention de la justice, met la main sur la chose d'autrui, avoue que cette chose appartient à autrui, et refuse néanmoins de la rendre ou prétend en subordonner la restitution à des conditions qu'il n'a pas le droit d'imposer. Grammaticalement parlant, cet acte n'est donc pas une confiscation; il a un autre nom dans la langue usuelle et aussi dans la langue légale. (*De la Saisie administrative*, par M. Reverchon, p. 9.)

d'une saisie, même régulière, ne peut dépendre de l'autorité administrative. L'article 2 de la loi du 26 mai 1819 est conçu en ces termes : « A défaut par la Chambre du conseil du tribunal de première instance d'avoir prononcé dans les dix jours de la notification du procès-verbal de la saisie, la saisie sera de plein droit périmée....

« Tous les dépositaires des objets saisis seront tenus de les rendre au propriétaire, sur la simple exhibition du certificat des greffiers respectifs constatant qu'il n'y a pas eu d'ordonnance ou d'arrêt dans les délais ci-dessus prescrits. »

Les livres sont encore placés sous le régime de la loi de 1819, le décret du 17 février 1852 ne s'appliquant qu'à la presse périodique. Il fallait donc poursuivre ou restituer, car le silence, après la saisie, c'est un aveu implicite de l'illégalité. On s'est tu, donc on s'est mis au-dessus de la loi.

Lorsque le Préfet de police a été interpellé, qu'a-t-il répondu?

« *Je n'ai pas agi en ma qualité d'offi-*
cier de police judiciaire, mais en ma qua-
lité de fonctionnaire administratif ; l'au-
torité judiciaire est incompétente. »

La doctrine, on le voit, est générale ;
elle pourrait être invoquée toujours, contre tous, et dans les espèces les plus di-
verses.

Lorsque cette doctrine est combattue et
qu'on démontre au Préfet de police que,
la loi n'autorisant qu'un seul genre de saisie, il n'a pu agir contrairement à la loi

dans l'exercice de ses fonctions, il répond :

« *Si vous accusez mon acte d'illégalité, vous m'accusez d'avoir commis un abus de pouvoir dans l'exercice de mes fonctions ; j'invoque l'art. 75 de la Constitution de l'an* VIII *; vous ne pouvez suivre, même votre action civile en restitution de la chose qui vous appartient, qu'après avoir obtenu une autorisation du Conseil d'État.* »

C'est encore là une exception générale

qui menace tout le monde, qui peut être présentée en toute autre matière qu'en matière de presse, qui peut s'appliquer à tous les cas de violation des lois.

Devant le Conseil d'État, lorsque l'autorisation de poursuivre est demandée, le Ministre intervient ; il couvre son agent et, par ce motif, l'autorisation n'est pas obtenue.

Alors on s'adresse au Ministre lui-même, car enfin, il faut bien que cet imbroglio puisse avoir quelque part un dénoûment et, comme dit le proverbe, en langage vulgaire mais saisissant, *il faut qu'une porte soit ouverte ou fermée*. On demande au Ministre d'annuler la saisie ordonnée par lui; il refuse et il ne reste plus aux parties lésées qu'un nouveau recours au Conseil d'État contre cette décision.

Ici nouvel et dernier obstacle devant lequel la réclamation vient échouer : le Ministre déclare que, la saisie ordonnée étant une mesure de haute police, le Conseil d'État doit se déclarer incompétent. Cette

doctrine prévaut et le pourvoi est re-
jeté.

Ainsi, depuis le premier jusqu'au der-
nïer degré de juridiction, sous toutes les
formes de requête, d'appel, de pourvoi,
de recours, refus persistant de juger; et
comme, sous le régime de la Constitution
de 1852, il n'y a aucune possibilité de
porter, où que ce soit, un appel effectif et
qui trouve une sanction contre l'abus de
pouvoir d'un Ministre, il en résulte que,
lorsqu'un Ministre viendra déclarer qu'un
acte, si odieux qu'il soit, d'un de ses sub-

ordonnés, est une mesure de haute police, le Conseil d'État sera virtuellement
dessaisi, contraint de rejeter le pourvoi et
que la partie lésée ne pourra, non pas seulement obtenir quelque part satisfaction,
mais encore trouver quelque part des juges.

Et pour qu'il ne puisse y avoir de doute
à cet égard, ainsi que l'a fait remarquer
M⁰ Groualle, avec une si haute et si ferme
raison, le Ministre n'a pas même allégué
pour sa défense qu'il eût pris « UNE MESURE
EXCEPTIONNELLEMENT AUTORISÉE PAR UNE LOI
EXCEPTIONNELLE CONTRE LES PRINCES DE LA MAI-

son d'orléans. » La théorie a été plus large, plus compréhensive, plus hardie. La saisie du 19 janvier, le refus de poursuivre l'ouvrage saisi, le refus de le restituer, ont été des mesures de haute police et cela dit tout.

Le Ministre était, à son point de vue, sagace et conséquent dans la manière dont il posait la question ; car s'il s'était retranché derrière le caractère exceptionnel de la mesure, après avoir ainsi écarté l'auteur du livre, il se serait trouvé en face de l'éditeur, du propriétaire des feuilles saisies, d'un citoyen Français jouissant de la plénitude de ses droits et devant, comme tel, trouver des juges.

Le Conseil d'État semble s'être proposé, dans ses considérants, d'éluder la difficulté beaucoup plus que de la résoudre. Les voici textuellement :

« *Considérant que le pourvoi du duc d'Aumale et celui du sieur Michel Lévy ont le même objet ; que, dès lors, il y a lieu de les joindre pour y statuer par un décret ;*

Considérant, d'une part, que les questions relatives à la validité de la saisie d'un livre ne sont pas au nombre de celles dont il peut nous appartenir de connaître en notre conseil d'État au contentieux ;

Que dès lors, les requérants ne sont pas recevables à poursuivre devant nous, en notre conseil d'État au contentieux, la restitution des exemplaires de l'ouvrage du duc d'Aumale qui ont été saisis par ordre du Préfet de police ;

Considérant, d'autre part, que la mesure par laquelle le **Préfet de police** a prescrit, le 19 janvier 1863, la saisie desdits exemplaires, et la décision de notre Ministre de l'intérieur, en date du 18 juin 1866, qui a confirmé cette mesure, sont des actes politiques qui ne sont pas de nature à nous être déférés pour excès de pouvoir, en notre conseil d'État, par la voie contentieuse ;

Notre conseil d'État, au contentieux, entendu ; avons décrété et décrétons ce qui suit :

Les pourvois du duc d'Aumale et du sieur Michel Lévy sont rejetés.

Le lecteur le moins attentif et le moins versé dans les questions de ce genre ne pourra s'empêcher de remarquer :

1° Que le premier considérant réunit les deux pourvois, ce qui exclut l'idée qu'un caractère exceptionnel puisse être attribué à l'un de ces pourvois ou à celui par qui il est formé ;

2° Que le second considérant est une déclaration d'incompétence rédigée dans des termes nettement affirmatifs de la compétence des tribunaux ordinaires ;

3° Que le troisième et dernier considérant se borne à viser, pour s'y soumettre, la déclaration du Ministre « que la saisie et la décision du 18 juin, confirmative de cette saisie, sont DES ACTES POLITIQUES qui ne sont pas de nature à être déférés au Conseil d'État. »

A quelque point de vue qu'on se place, il est impossible de ne pas reconnaître avec M⁰ Groualle, « QU'EN PROCLAMANT SON INCOMPÉTENCE LE CONSEIL D'ÉTAT A PROCLAMÉ LE POUVOIR SANS BORNES DE L'AUTORITÉ ADMINIS-TRATIVE. »

IV

IV

Il serait injuste de ne pas constater la
très-notable différence qui existe entre le
libellé de l'arrêt et les conclusions de
M. Aucoc, commissaire du Gouvernement.

Tout en se prononçant pour l'incompétence, il a fait entendre ces paroles remar-
quables :

*Assurément nous ne sommes pas
étonné de l'insistance qu'on a mise à
vous demander de juger la question du
fond, de la confiance qu'on a témoignée
dans votre sagesse, dans votre impartialité. S'il y a encore dans quelques
esprits des préjugés contre la juridiction
administrative, ces préjugés ne peuvent
être partagés par les avocats au Conseil
d'État, qui suivent jour par jour vos*

traditions et qui peuvent ainsi apprécier, par expérience, toutes les garanties
qu'elles donnent aux citoyens.

Mais il ne faut demander à la juridiction administrative que ce qu'il lui
appartient de donner....

Que vous a-t-on dit en discutant l'application des règles du droit commun ?

Un livre a été saisi par ordre du Préfet de police, avant sa publication. Les
lois sur la presse n'autorisent pas une

saisie dans ces conditions. En tous cas, une saisie est périmée de droit, si elle n'a pas été suivie de poursuites dans un très-bref délai. Le livre doit être restitué. Et, par conséquent, l'on vous demande d'annuler, pour excès de pouvoir, la décision du Ministre de l'intérieur qui a refusé d'ordonner la restitution du livre; on vous demande d'ordonner vous-même cette restitution.

Une pareille question est-elle de nature à être portée devant vous? Il s'agit de la régularité, de la validité, des effets *de la saisie d'un livre ; il s'agit de la revendication d'une propriété mobilière ! Nous cherchons vainement quelle est la disposition de loi qui vous permettrait de statuer sur cette revendication de propriété. Depuis la loi des 16-24 août 1791, ces questions sont exclusivement dans le domaine de l'autorité judiciaire.»*

Ou je n'ai pas le sentiment de la valeur des mots de notre langue ou cela veut dire que les tribunaux auraient dû rester saisis et que le Conseil d'État, s'il pouvait rester saisi, s'il était libre de le faire, devrait donner gain de cause au pourvoi.

Je n'hésite pas, d'ailleurs, à reconnaître que M. Aucoc avait le droit de parler du Conseil d'État comme il l'a fait, en tant que tribunal administratif. Ceux qui ont été les justiciables du Conseil d'État savent quelles garanties de lumières et d'impartialité offre ce corps jugeant au contentieux et dans les conflits ordinaires. Mais il ne ressort que plus manifestement des faits de cette cause et d'autres plus graves et plus tristes encore que Me Groualle a

justement rappelés, qu'il ne pouvait pas
ne pas rappeler en cette occasion, il ressort, dis-je, qu'un Conseil d'État, même
sous un régime différent de celui qu'a
créé la Constitution de 1852, n'est pas et
ne saurait pas être un corps appelé à prononcer sur des questions politiques. Sa
position est trop délicate, trop fausse, lorsque le pouvoir exécutif de qui il émane,
qui nomme et révoque ses membres,
vient lui dire : « J'ai agi ainsi dans l'intérêt de ma conservation, par des nécessités
dont je suis seul juge, par des raisons
que je n'ai ni à expliquer ni à justifier

devant vous, et je décline absolument votre compétence. »

Sans doute, et j'emprunte encore ici le langage de Me Groualle, sans doute « LES ACTES DE GOUVERNEMENT *ne peuvent pas être déférés au contentieux du Conseil d'État. Mais à quel signe reconnaître les actes de gouvernement, et quelle autorité en déclarera le caractère? Nous croyons que ces actes ne peuvent émaner que du Souverain et qu'ils doivent avoir été permis par la Constitution ou par les lois.* »

Le décret du 17 février 1852, rendu dans la période dictatoriale, permet, dans certains cas, certains actes à l'Empereur, sans qu'on ait jamais songé à investir. de droits et de pouvoirs aussi exorbitants des agents de l'administration, le Préfet de police et même les Ministres.

En ce temps où règnent partout la confusion et le doute, où tant de choses ont brusquement changé sans que la langue changeât avec elles, de sorte que beaucoup de mots apportent à l'esprit des idées qui

étaient justes hier, qui ne le sont plus
aujourd'hui sauf à le redevenir demain, en
ce temps-ci, dis-je, il peut être utile de rappeler quelle différence existe entre LES ACTES DE
GOUVERNEMENT et LES ACTES D'ADMINISTRATION.

Le Gouvernement, c'est l'ensemble des
pouvoirs publics ; un acte de gouvernement c'est l'acte constitutionnel, légal, et
par conséquent régulier, accompli, en vertu
de la Constitution et des lois, par le pouvoir exécutif; c'est à dessein que je ne dis
pas PAR LE SOUVERAIN. Un acte ne devient
pas UN ACTE SOUVERAIN par cela seul qu'il est

l'acte de l'homme qui porte la couronne ; ou, du moins, cela n'a lieu que sous le régime autocratique.

Dans les pays où, comme en France, la souveraineté appartient, de droit sinon de fait, à la nation, l'acte souverain, ou l'acte du souverain, ne peut être l'acte émané de la personne du chef de l'État que dans les cas et pour les objets définis par la Constitution et par les lois. Il faut que la Constitution lui ait conféré explicitement le pouvoir d'agir seul pour que son acte ait le caractère et obtienne l'autorité de la souveraineté. Dans toute autre circonstance, l'acte souverain ne peut être que l'acte résultant du concours des pouvoirs publics [1].

Un acte d'administration, au contraire, est le fait d'un Ministre ou d'un agent placé sous ses ordres, agissant en vertu d'une délégation générale ou d'instruc-

1. De même que les actes législatifs, les actes de Gouvernement ne peuvent donner lieu à aucun recours contentieux, ni direct à fin d'annulation, ni indirect à fin d'indemnité, sauf le droit, *dont les tribunaux ne peuvent être dépouillés*, de garantir l'état civil, la liberté et la propriété des simples citoyens contre toutes voies de fait qui ne rentrent pas dans l'exercice des pouvoirs constitutionnels. (*De la Justice administrative*, par M. Dareste, p. 222.)

tions spéciales. Cette seule définition suffit
pour montrer que les ACTES DE GOUVERNEMENT
peuvent être bons ou mauvais, mais, dans
les pays libres, ne doivent pas, ne peuvent
pas avoir d'autres juges que les pouvoirs
publics, dans les formes réglées par la
Constitution et par les lois. S'ils en ont
d'autres, c'est l'anarchie ; s'ils n'ont pas
ceux-là, c'est le despotisme.

Les actes d'administration ne peuvent
prétendre aux mêmes priviléges. C'est bien
assez que d'avoir les conflits, le contentieux administratif et la nécessité de l'au-

torisation pour poursuivre un fonctionnaire coupable d'un délit *dans l'exercice de ses fonctions*; c'est beaucoup trop que de ne pouvoir poursuivre sans autorisation, et souvent de ne pas l'obtenir, lorsque le délit est manifestement *étranger aux fonctions* et rentre de la manière la plus évidente dans les faits de la vie privée. Il deviendrait intolérable de ne pouvoir poursuivre du tout la plus flagrante violation des lois, sous prétexte de politique, ce qui rendrait un commissaire de police ou un garde champêtre plus inviolable que ne l'est un ministre dans les pays libres.

Ces principes, qu'on pourrait appeler élémentaires et qu'il était réservé à notre pays et à notre époque de voir contester, ont été défendus devant le Conseil d'État par M. Faré, maître des requêtes, remplissant les fonctions du ministère public dans l'affaire du *Courrier du Dimanche*. Il s'agissait de l'arrêté du Ministre de l'intérieur par lequel ce journal avait été frappé de suspension. En examinant la question de compétence M. Faré disait :

« Si donc c'était l'Empereur qui eût fait usage de son pouvoir, si c'était un

décret de suppression d'un journal qui vous fût déféré, en ces matières de péril public et de nécessités si hautes, nous vous dirions : Non, messieurs, vous n'êtes pas compétents. Mais ce que vous avez à juger, ce qui vous est déféré, c'est un acte du Ministre, c'est l'usage qu'il a fait conformément ou non à la loi, du pouvoir que lui a confié l'art. 32 du décret du 17 février 1852. . . . .

. . . .

Le Ministre peut avertir et suspendre, à son jour, à son heure, il a le choix du moment. Vous n'êtes pas compétents *pour en connaître, pour apprécier ses motifs. Mais il doit avertir selon la loi, suspendre selon la loi, et, s'il ne se conforme pas aux prescriptions de la loi, s'il viole les formes qu'elle lui a imposé de suivre, il excède son pouvoir, vous êtes appelés à statuer, vous devez statuer, etc.... »*

Peut-être faut-il ajouter, pour mieux faire saisir toute la valeur de cette argumentation, que *le Courrier du Dimanche* s'était pourvu devant le Conseil d'État, POUR VIOLATION DE LA LOI DÉGÉNÉRANT EN

ABUS DE POUVOIR, et le commissaire du Gouvernement soutenait que, si le Conseil d'État ne peut pas connaître d'un acte de gouvernement, d'un acte souverain proprement dit, lorsque la raison politique est invoquée pour décliner la compétence, il n'en est plus de même lorsqu'il s'agit de l'acte d'un Ministre qui a violé les formes imposées par la loi, d'un excès de pouvoir.

Le Conseil d'État statua conformément aux conclusions du ministère public.

La conséquence découlait naturellement

dans l'affaire de Mgr le duc d'Aumale et de M. Michel Lévy; il n'y avait pas eu de décret, pas d'intervention qu'on pût, à tort ou à raison, qualifier de souveraine, pas d'acte de gouvernement, mais bien une simple décision ministérielle, manifestement contraire à la loi et dont d'ailleurs le Ministre ne niait pas l'illégalité, tout en prétendant la couvrir par la raison politique. Les principes étaient donc identiquement les mêmes que ceux qui avaient prévalu une première fois devant le Conseil d'État.

V

V

Je sais qu'on a soutenu que, sous les
régimes politiques qui ont précédé le régime actuel et qui en différaient si profon-
dément, le cas aurait pu se présenter, où

des actes, considérés par les parties lésées comme des abus de pouvoir, étant déférés au Conseil d'État, ce corps aurait refusé l'autorisation de poursuivre et aurait accordé au fonctionnaire les immunités de l'art. 75 de la Constitution de l'an VIII, par des motifs à peu près semblables à ceux qui ont dicté l'arrêt du 9 mai 1867.

Je ne repousse pas l'hypothèse, je ne la combats pas ; loin de là, car elle vient à l'appui de la démonstration que je veux faire : qu'il y a des garanties que les droits et les intérêts civils des citoyens ne peuvent rencontrer que dans la liberté politique. Or, la liberté politique n'existe qu'à des conditions indispensables parmi lesquelles sont, au premier rang, la liberté de la presse et la responsabilité ministérielle. On pourrait même soutenir, à la rigueur, que la responsabilité ministérielle peut, dans une certaine mesure, suppléer aux autres conditions de la liberté, tandis qu'aucune de ces autres conditions ne peut remplacer celle-là.

Je prends pour exemple un cas comme celui que j'ai examiné, celui d'un auteur et d'un éditeur saisis dans leur propriété malgré les lois, poursuivant vainement une réparation, cherchant vainement des juges, renvoyés de juridiction en juridiction, écartés partout par des fins de non-recevoir, par des déclarations d'incompétence, ne pouvant jamais obtenir, de qui que ce soit, une décision sur le fond du litige et obligés de subir, en définitif, sans appel possible, les conséquences d'un acte d'arbitraire. C'est de la politique, dit-on ; mais qui dit cela ? — Vous, les auteurs ou les instigateurs de l'acte. — Est-il juste que vous échappiez ainsi, par votre seule déclaration, à tout contrôle, à toute censure, à toute ré-

pression? — Évidemment non, s'il y a
encore une justice en ce monde. Il faut
donc qu'il y ait appel quelque part, et,
puisqu'il s'agit de politique, cet appel ne
peut être porté que devant un corps politique. Pour qu'un appel soit efficace, il faut
qu'il y ait une sanction à la décision des
juges, quels qu'ils soient, et comme le
principe de la séparation des pouvoirs veut
que les corps politiques n'aient pas d'at-
tributions judiciaires et administratives, il
faut qu'ils trouvent en face d'eux, non pas
un coupable à punir, mais un Ministre à
blâmer ou à mettre en accusation, un Mi-

nistre qui réponde tout à la fois, et du choix qu'il a fait de ses subordonnés, et des abus que ceux-ci ont commis. Tel est l'*a b c* des pays libres. Hors de cela, il n'y a pas de liberté; il n'y a que le bon plaisir.

Combien la thèse s'élève et s'agrandit si on réfléchit que toute propriété, celle du plus humble campagnard comme celle du prince, tout droit, tout intérêt le plus cher et le plus sacré de l'homme et du citoyen, est en jeu dans le débat. Ce que le Préfet de police a fait pour l'histoire des Condés, tout préfet, tout sous-préfet, tout agent de la police peut le faire, contre qui que ce soit et à propos de quoi que ce soit. Toute propriété peut être violée, toute liberté peut être menacée, sous prétexte de la nécessité politique et de la raison d'État. Il faut dire ici avec le recueil de M. Dalloz :

« Si l'administration de la police peut faire saisir chez moi un manuscrit ou un meuble meublant, elle pourra, à un titre égal, faire occuper indéfiniment ma maison ou mon champ. Pourra-t-elle alors se couvrir de l'article 75 de la

Constitution de l'an VIII et me renvoyer devant le Conseil d'État? S'il en était ainsi, la loi civile que tous les publicistes, Montesquieu en tête, considèrent comme le palladium de la propriété, ne serait plus qu'une lettre morte au regard de l'administration. Elle n'existerait que sous le bon vouloir du chef de l'État, chargé désormais d'ouvrir ou de fermer, en conseil d'État, l'accès des tribunaux en réponse aux réclamations dirigées contre les actes de spoliation des fonctionnaires publics; la propriété ne serait plus en France que ce qu'elle est en

Orient, elle n'existerait qu'avec la tolé-
rance de l'autorité publique [1]. »

C'est maintenant à M. E. Reverchon que
je vais emprunter un passage non moins
ferme et non moins concluant :

« *Ainsi que je l'ai dit ailleurs* (Revue
pratique, tome XXI, page 76) *et ainsi que*
l'a répété après moi M. Édouard Lafer-
rière (De la Censure et du Régime correc-
tionnel, page 196) [2], *si l'administration a*

1. Recueil de Dalloz, 66. I. 49.
2. Paris, 1867. Armand le Chevalier, 61, rue de
Richelieu.

désormais, chez nous, la puissance de se mettre au-dessus des lois en cette matière, il n'y a aucune raison pour qu'elle s'arrête en si beau chemin, ou, ce qui revient au même, elle ne s'y arrétera que dans les limites et selon les circonstances qu'elle appréciera elle-même. Si un livre peut être saisi avant sa publication, et sans que l'administration reconnaisse aucun juge de cette saisie, elle pourra, au même titre, par les mêmes motifs, ou sous les mêmes prétextes, opérer des détentions administratives et revenir aux lettres de cachet que le premier Empire *avait, au surplus, déjà rétablies par son décret du 3 mars 1810[1]. Elle pourra, par les mêmes motifs, ou sous les mêmes prétextes, opérer des exils ou des bannissements administratifs, et, s'il en est ainsi, elle n'aura pas à regretter de n'avoir pas demandé la prorogation de celles des dispositions de la loi de sûreté générale*

1. Le premier motif de ce décret était ainsi conçu : « Considérant qu'il est un certain nombre de nos sujets détenus dans les prisons de l'Etat, sans qu'il soit convenable ni de les traduire devant les tribunaux, ni de les faire mettre en liberté. » Il n'est pas inutile de rappeler ce souvenir, pour montrer à quelles aberrations le génie lui-même peut être entraîné par le mépris de la loi et par l'absence de tout frein.

qui ont cessé d'être en vigueur à partir de 1865 ; elle en aura largement trouvé l'équivalent.

« *Qu'en fait, de semblables énormités soient possibles ; qu'en fait, l'administration comprenne et applique ainsi les principes de 1789, l'affaire actuelle le prouve surabondamment. Mais, je le répète, avec le recueil de* M. *Dalloz :*

« *A l'honneur de notre législation de tels textes n'y existent pas.* »

Et ailleurs :

« *Il plaît à l'administration, par exemple, de déclarer qu'un Français, exilé ou non, a perdu ses droits civils, sa légitimité, sa nationalité. Faudra-t-il par hasard que le pouvoir judiciaire, juge exclusif de ces questions, courbe la tête et courbe celle des parties intéressées sous la mesure de haute police ou de gouvernement qui sera alléguée devant lui ?*

« *Il plaît a l'administration d'arrêter, en dehors de toutes formes, et de détenir* indéfiniment un Français, même non exilé. Faudra-t-il que le pouvoir judiciaire abandonne en pareil cas ses droits et méconnaisse ses devoirs ? Faudra-t-il qu'il impose au plaignant l'obligation dérisoire de demander à l'auteur de l'arrestation l'annulation préalable de l'acte de haute police ou de gouvernement en vertu duquel cette arrestation a été consommée ?

« Il plaît à l'administration de prendre et de garder ma chose, mobilière ou immobilière, et il faudra que le pouvoir *judiciaire demande à l'administration la permission de faire respecter ma propriété, ou attende que l'administration en vienne d'elle-même à la respecter*[1] ? »

Tous les jurisconsultes qui ont traité la question l'ont envisagée sous le même aspect, l'ont jugée de même. Il serait donc difficile d'accuser de se laisser égarer par l'antagonisme politique ceux qui, parlant à leur tour plus en hommes politiques

1. *De la Saisie administrative,* par M. E. Reverchon, p. 20.

qu'en jurisconsultes, concluent qu'en pré-
sence de telles doctrines, appuyées de la
force, rien n'est garanti, rien n'est en sécurité et que tout est à la merci d'un ca-
price administratif.

Ce n'est point à dire que le gouvernement
usera habituellement, pas même qu'il usera
souvent du pouvoir exorbitant qu'il s'ar-
roge. Il peut en user, et tout est là. Le
Gouvernement impérial d'ailleurs ne s'est
pas toujours abstenu, contre les propriétés
et contre les personnes, d'actes dont ses
prédécesseurs s'étaient scrupuleusement

et prudemment gardés. S'il ne s'est pas montré violent et tyrannique de parti pris, par goût et par tempérament, il n'a pas reculé, en plus d'une occasion, devant de rudes mesures qu'à tort ou à raison il jugeait conformes à ses intérêts. Il est possible d'admettre que le pouvoir qui, en décembre 1851[1], ordonnait de fusiller, sans autre forme de procès, les citoyens coupables de défendre le gouvernement légal

---

1. Tout individu pris construisant ou défendant une barricade ou les armes à la main, sera fusillé.

Le général de division ministre de la guerre,

DE SAINT-ARNAUD.

(*Moniteur* du 5 décembre 1851.)

du pays que renversait un coup d'État non encore amnistié par l'assentiment populaire, serait disposé à beaucoup oser, au nom des droits qu'il fonde sur le plébiscite de 1852, non pas seulement contre des ennemis armés, qu'il peut maintenant faire régulièrement juger et condamner, mais contre des adversaires incommodes de sa politique. Il n'est jamais bon pour un pouvoir, encore moins pour un homme, quel qu'il soit, si haut placé qu'il soit, d'être laissé seul juge du cas de légitime défense, en même temps que seul maître du choix de ses armes.

Je pourrais citer plusieurs exemples d'au-
torisations de poursuites refusées contre
toute justice ; mais cela serait inutile et
mes raisonnements n'y gagneraient rien,
car jamais la question ne s'était posée, et
jamais elle n'avait été résolue dans les
mêmes termes que dans la circonstance
à la suite de laquelle le Conseil d'État a
déclaré son incompétence sur un cas de
violation de la loi par un fonctionnaire
public, violation formelle et avouée. Dans
d'autres cas le Conseil d'État a pu refuser
l'autorisation de poursuivre par des motifs
tirés du fond, en conséquence de l'appré-

ciation même des faits; ici, il en a été tout autrement; le Conseil d'État a refusé de se saisir, et s'il avait refusé en renvoyant la décision aux tribunaux, comme étant de leur ressort, il n'y aurait qu'à applaudir; mais il s'est déclaré incompétent par le seul motif que l'acte était politique. C'est dans les conséquences forcées de cette déclaration, sous le régime actuel, qu'est le péril, péril permanent, et je ne saurais assez le répéter, péril pour tous. Peut-on oublier qu'on a vu, qu'on voit tous les jours, non-seulement des préfets et des sous-préfets, mais encore des maires et des agents subalternes de l'administration et de la police s'aventurer fort au delà des limites permises dans les luttes électorales et demeurer ensuite couverts par l'article 75 ?

Qu'arriverait-il si un préfet, après avoir fait saisir des circulaires électorales, trahissait ses devoirs jusqu'à attenter à la liberté d'un candidat et que le Conseil d'État refusât d'autoriser toute poursuite ? S'il s'agissait d'élections politiques, le Corps législatif pourrait, du moins, manifester son blâme lors de la vérification des pouvoirs et même casser l'élection entachée de fraude et de violence. Mais, s'il s'agissait d'élections départementales ou municipales, où seraient la protection des droits violés et la réparation du préjudice causé ? Et ce n'est pas seulement dans ces occasions que des fonctionnaires, assurés de l'impunité, pourront être tentés d'abuser de leur pouvoir ou qu'un Ministre pourra leur ordonner de le faire. Qu'arrivera-t-il si le cas se présente ? Il faudra, pour poursuivre, obtenir l'autorisation du chef de l'État, qui doit signer le décret, « *le Conseil d'État entendu.* » Or, sous le régime de la Constitution de 1852, le chef de l'État est ici juge et partie dans sa propre cause, puisque les Ministres ne sont que ses instruments et qu'il est, aux termes de la Constitution, seul responsable de leurs actes. Disons, en passant, qu'on n'a jamais expliqué (quoique la question ait été posée souvent et qu'elle mérite une réponse), comment se comprend la responsabilité du chef d'une monarchie héréditaire, comment elle serait appliquée et quelle en serait la sanction[1].

1. Quoiqu'on ait mauvaise grâce à se citer soi-même, je ne puis m'empêcher de rappeler ici ce que j'écrivais il y a six ans : « L'article 5 de la constitution du 14 janvier 1852, que j'ai souvent entendu

Quant aux Ministres, ils sont constitu-
tionnellement hors de cause, puisqu'ilsn e
sont responsables qu'envers l'Empereur.
Ils ne peuvent être poursuivis que sur l'ordre de l'Empereur et mis en accusation
que par le Sénat. Aussi était-ce une parole

citer depuis l'empire, déclare « LE PRÉSIDENT DE LA
« RÉPUBLIQUE RESPONSABLE DEVANT LE PEUPLE FRAN-
« ÇAIS. » On n'a jamais expliqué, depuis la procla-
mation de l'empire, comment cette responsabilité du
chef de l'État pourrait être invoquée et appliquée.
Je me permets d'émettre un avis sur cette question.

Le sénatus-consulte du 7 novembre 1852, qui a
rétabli la dignité impériale, porte, à l'article 7 :
« LA CONSTITUTION DE 1852 EST MAINTENUE DANS
« TOUTES CELLES DE SES DISPOSITIONS QUI NE SONT
« PAS CONTRAIRES AU PRÉSENT SÉNATUS-CONSULTE. »

« L'article 5 de la constitution du 14 janvier ne
serait-il pas du nombre de ceux dont les dispositions

vide de sens que de s'écrier devant le Corps législatif, comme l'ont fait souvent des Ministres, depuis que les modifications constitutionnelles leur en ont ouvert la porte : « *Nous avons agi sous notre responsabilité.... Nous n'avons pas craint*

doivent être considérées comme contraires au sénatus-consulte du 7 novembre?

« On couçoit, en effet, la responsabilité d'un chef électif, nommé de dix ans en dix ans, comme devait l'être, en vertu de la constitution de 1852, le président de la république éphémère inaugurée par le coup d'État de 1851. Ce président, à l'époque de la réélection, était virtuellement appelé à répondre de son administration; mais j'avoue, pour ma part, que la responsabilité d'un souverain héréditaire n'offre à mon esprit aucune idée nette et que ma raison ne saurait en concevoir l'application. » (*Les Finances de l'empire*, 1861.)

d'engager notre responsabilité! » Il est évident que les Ministres ne courent aucun risque à engager leur responsabilité envers l'Empereur dans des actes qui leur sont commandés par l'Empereur, le *Moniteur* ayant, en outre, pris soin de nous apprendre qu'ils ne font qu'exécuter ses ordres et n'ont ni politique ni pensées qui leur soient propres. Il n'y a donc pas, dans une pareille responsabilité, de garanties politiques pour la nation et, depuis l'arrêt du Conseil d'État du 9 mai 1867, il n'en existe pas davantage dans l'ordre civil.

VI

Tout ce qui précède me dispenserait
peut-être de réfuter et ceux qui ont pré-
tendu que si l'article 75 n'existait pas il

faudrait l'inventer[1], et ceux qui ont cru confondre les critiques dont cet article était l'objet, en rappelant qu'il n'avait jamais cessé d'être en vigueur sous les gouvernements précédents. Voyons cependant ce que vaut ce dernier argument. Je crois pouvoir laisser de côté le premier Empire. Napoléon n'était pas de ceux qui ont besoin de textes de lois pour appuyer leurs décisions, ou qui sont gênés par les lois les plus formelles dans l'exercice implacable de leurs volontés. Il ne s'inquiétait

1. Discours de M. Baroche au Corps législatif dans la séance du 3 juillet 1867.

guère de persuader aux peuples qu'ils étaient libres, pour les mieux opprimer, et ne se croyait pas obligé d'encenser le dogme abstrait de la souveraineté nationale, afin de faire mieux supporter le pouvoir absolu; il voulait être obéi et allait droit au but, sans souci des formes ou des prétextes. Il n'avait pas besoin que l'article 75 protégeât ses fonctionnaires, celui qui écrivait à Fouché, en 1806, de faire enlever et expédier à l'armée d'Italie des jeunes gens coupables d'avoir sifflé au théâtre de Rouen[1]. Il n'avait pas be-

1. *Correspondance de Napoléon*, tome XII, page 594.

soin de faire des circulaires sur les saisies administratives, celui qui ne laissait rien imprimer sans sa permission et traitait comme on sait les journalistes. Cependant un jour vint où Napoléon exprima un avis sur l'article 75. Il est vrai que c'était le jour où, moins éclairé par ses revers que contraint par les nécessités de sa situation à faire des avances au parti libéral, il signait l'acte additionnel aux constitutions de l'Empire. L'article 50 de cet acte est ainsi conçu : « L'article 75 du titre III de l'acte constitutionnel du 22 frimaire an VIII, portant que les agents du Gouvernement ne peuvent être poursuivis qu'en vertu d'une décision du Conseil d'État, sera modifié par une loi. »

Dans une lettre adressée aux journaux, après avoir rappelé les paroles prononcées par M. Baroche, M. Degouve-Denuncques ajoutait : « *L'opposition se montre-t-elle donc bien exigeante lorsqu'elle demande une réforme que le chef de la dynastie impériale s'empressait ainsi d'offrir lui-même, à l'heure où il cherchait à conjurer les dangers qui allaient fondre sur lui? Et un Ministre du second Empire* *reste-t-il bien dans la mesure qu'il devrait garder lorsqu'il assimile à une disposition providentielle l'article 75 condamné par Napoléon I*er *?* » Il paraît que les Ministres de Napoléon III nous considèrent comme moins dignes d'un peu de liberté qu'en 1815, ou ne se croient pas encore à l'heure des concessions.

Après l'Empire, la France eut la garantie de la responsabilité ministérielle qu'elle a possédée pendant trente-six ans et n'a perdue qu'en 1851. Contre des abus de pouvoir, la liberté de la presse et la responsabilité ministérielle sont les seuls freins efficaces. La presse les signale, la responsabilité permet de les atteindre, non pas toujours par des jugements et par des peines, mais par le châtiment le plus sévère pour des hommes dignes du pouvoir et l'exerçant avec une noble ambition : la perte du pouvoir à la suite d'un blâme des représentants de la nation.

L'erreur capitale de ceux qui ne veulent voir, dans les conséquences de l'article 75, aucune différence entre le passé et le présent, est de dire : « *Aujourd'hui comme alors il y a un recours ; ce recours est devant le Sénat.* » Involontaire ou non, l'erreur est bizarre dans la bouche de Ministres de l'Empire qui devraient connaître la Constitution et savoir que, si le Sénat peut se saisir d'un acte de gouvernement ou d'administration pour le déclarer inconstitutionnel et pour mettre les Ministres en accusation, les citoyens ne peuvent que s'adresser au Sénat par voie de pétition, c'est-à-dire par la voie gracieuse. C'est donc toujours la même confusion ; on prend ou on affecte de prendre pour des droits et

pour des garanties de simples facultés
sans sanction. En effet, le Sénat accueillera ou n'accueillera pas la pétition. S'il
l'accueille, quel sera le juge ? Lui, Sénat ;
c'est-à-dire un corps nommé par l'Empereur et appelé à prononcer sur les actes de
Ministres nommés par l'Empereur, responsables envers l'Empereur seul, investis de
sa confiance et ne l'ayant pas perdue.
Telle est la Constitution et il faut la respecter ; mais il est permis de dire que,
sur ce point, elle n'offre aux citoyens aucune des garanties dont ils ont joui na-
guère et dont on chercherait vainement à

leur persuader qu'ils sont encore en possession.

Quel peut être, à l'encontre des abus de pouvoir, le rôle du Corps législatif? Un de ses membres pourra, sans doute, présenter une demande d'interpellation. Mais, en supposant que l'interpellation soit autorisée et qu'un Ministre consente à y répondre, comment, si le Ministre persiste dans la défense d'un acte que blâmerait la majorité même, comment cette majorité pourra-t-elle exprimer son sentiment? Un seul moyen est à sa disposition, celui d'un vote de renvoi au Gouvernement, APPELANT SON ATTENTION SUR L'OBJET DES INTERPELLATIONS [1]. Le Gouvernement, c'està-dire l'Empereur, sera, en dernier ressort, constitué juge d'un acte d'un fonctionnaire nommé et couvert par un de ses Ministres, et cela lorsque ledit acte aura déjà fait l'objet d'un décret de l'Empereur décidant, le Conseil d'État entendu, que l'autorisation de poursuivre ne doit pas être accordée, attendu que l'acte attaqué est irrépréhensible comme ordonné ou ap-

1. Décret du 19 janvier 1867.

prouvé par le ministre, simple exécuteur des volontés impériales !

Je n'ai pas l'envie, je n'éprouve pas le besoin de discuter davantage, me bornant à demander s'il y a, dans l'ensemble des dispositions que j'ai mises sous les yeux de mes lecteurs, les garanties que peut seule offrir la responsabilité directe des Ministres devant un corps électif investi de prérogatives sérieuses.

VII

VII

Nous vivons sous un régime qui n'a
pas de précédent dans l'histoire. Nous
avons les dénominations et la plupart
des formes extérieures des gouvernements

représentatifs, nous avons les apparences du contrôle et de certaines libertés ; tandis que, par la suppression de garanties indispensables, par l'absence de ce que l'illustre M. Thiers a appelé, LES LIBERTÉS NÉCESSAIRES, par l'extension qu'une jurisprudence nouvelle a donnée à des lois politiques, administratives et civiles faites pour d'autres temps et qui trouvaient un contre-poids et un correctif dans des institutions constitutionnelles très-différentes, nous sommes en réalité, dans la plupart des circonstances de notre vie publique et privée, livrés à ce pouvoir arbitraire et

discrétionnaire dont M. de Persigny re-
connaissait franchement l'existence pour
la presse. On nous promet, pour la presse,
un adoucissement prochain ; mais le droit
de réunion paraît destiné à rester soumis
au bon plaisir des préfets ; rien n'annonce
un changement dans l'esprit général qui
inspire la politique intérieure, ni l'aban-
don des errements qui apportent de si
redoutables entraves à l'exercice du suffrage universel.

La Constitution ne ressemble à rien de
ce qui a jamais existé en ce genre. On

connaît dans l'histoire deux espèces de chartes : les chartes octroyées et les chartes contractuelles. Les premières immuables de leur essence, car ce qui a été donné ne peut pas être repris et, d'un autre côté, le caractère même de l'*octroi* exclut l'idée de changements délibérés et consentis.

Les chartes contractuelles, résultant, réellement ou fictivement, du consentement de deux parties, ont été souvent susceptibles de modifications, dans des formes et sous des garanties réciproques prévues par le pacte même.

La Constitution de 1852 est un être hybride. C'est, à vrai dire, une charte octroyée, puisqu'elle n'a pas été discutée, quoique présentée à l'acceptation du suffrage universel par un pouvoir dictatorial et au lendemain d'un coup d'État. Mais elle ne lie d'une manière absolue que la nation. Ni le peuple français, ni ses représentants ne peuvent, de quelque manière que ce soit, prendre l'initiative d'un changement. L'Empereur le peut toujours, soit directement par l'appel au peuple, soit par l'intermédiaire d'un corps nommé par lui, le Sénat. Les citoyens ont le droit de pétition au Sénat ; mais le Sénat est libre de tenir la pétition pour non avenue et de n'en pas laisser faire le rapport. Jusqu'à ces derniers temps le public pouvait du moins en connaître la teneur ; un Sénatus-Consulte en a ordonné autrement[1] et moimême, ici, je suis obligé, pour parler de

1. « Les pétitions ayant pour objet une modification ou une INTERPRÉTATION de la Constitution ne peuvent être rendues publiques que par la publication du compte rendu officiel de la séance du Sénat dans laquelle elles ont été rapportées. » (Art. 2 du Sénatus-Consulte du 18 juillet 1866.)

L'article premier statue « qu'une pétition ayant pour objet une modification quelconque ou une interprétation de la Constitution ne peut être rapportée en séance générale que si l'examen en a été autorisé par trois, au moins, des cinq bureaux du Sénat. »

ces matières, avec la mesure que j'y apporte, de donner à cet écrit les proportions matérielles d'un livre[1].

Une pensée suprême, presque unique, semble dominer la Constitution de 1852 : organiser fortement le pouvoir, en défendre toutes les avenues, faire en sorte que, d'aucune part, aucune résistance efficace ne se puisse produire. A la suite des principes de 1789, inscrits au préambule, mais demeurés à l'état de lettre morte lorsqu'ils

1. Voir la note de la page 6.

n'ont pas été méconnus, partout ont été introduites les déviations et les exceptions; à côté d'un droit proclamé a toujours été placée une restriction.

Les assemblées législatives, qui semblaient offrir assez de garanties pour que, dans ces régions élevées, régnât un peu de liberté, ont été privées du droit d'initiative; elles ont vu la faculté d'amender les lois assujétie à des formalités qui la rendent à peu près illusoire, et qui en subordonnent l'exercice au consentement d'un corps étranger, placé sous la dépendance du pouvoir exécutif. Au lieu d'étendre les prérogatives des députés de la nation, on les restreint. L'Adresse leur a été retirée, et, quelques mois auparavant, un Sénatus-Consulte leur faisait défense de discuter la Constitution, c'est-à-dire d'en parler[1], car quand on parle de quoi que ce soit dans une assemblée délibérante, c'est pour une discussion.

Autrefois la liberté s'appelait la liberté,

1. « La Constitution ne peut être discutée par aucun pouvoir public autre que le Sénat procédant dans les formes qu'elle détermine. » (Sénatus-Consulte du 16 juillet 1866, article 1er.)

et l'arbitraire s'appelait l'arbitraire ; on a changé tout cela. Il est vrai qu'avec une habileté qui pourrait s'appeler admirable si elle avait eu un autre but, on a créé, tout d'une pièce, et perfectionné de jour en jour, un système qui n'est ni la liberté, ni le despotisme pur, tout en permettant l'un ou l'autre ; c'est le SYSTÈME DU BON PLAISIR.

M. le vicomte Lanjuinais l'a merveilleusement peint en une phrase :

« Nous avons, a-t-il dit, une certaine tolérance, et c'est là qu'est la cause de la

confusion que je me propose de détruire.

La liberté c'est le droit, la tolérance c'est l'arbitraire, le despotisme[1]. » Alors le Corps législatif a eu le spectacle singulier d'un garde des sceaux de France ne sachant pas comprendre, ou ne voulant pas reconnaître, quelle distance sépare le droit du fait, la liberté possédée de la tolérance obtenue. M. Baroche glissait, peut-être à son insu, sur la pente qui conduit naturellement les hommes à vanter les douceurs de l'état de choses dont ils n'éprouvent que les bienfaits, à trouver les autres

1. Séance du 3 juillet 1867.

libres, lorsqu'eux-mêmes le sont, et à re-
garder comme exigeants ceux qui vou-
draient défendre les principes qu'ils ont,
eux-mêmes, toute la latitude pour com-
battre et pour dénigrer.

VII

VII

Là où le droit est incertain et précaire,
les agents du pouvoir exécutif exercent in-
failliblement une influence prépondérante.
Les tendances de l'administration fran-

çaise, il faut le reconnaître, ont été, depuis longtemps, fort envahissantes. Le mal ne date pas du régime actuel, mais il a fait, sous ce régime, d'effrayants progrès. L'administration est devenue, en l'absence de libertés politiques, et va devenir, de plus en plus, par l'affaiblissement des garanties de la liberté civile, la souveraine dispensatrice de cette tolérance si vantée et pour laquelle on nous trouve si ingrats. L'administration, on a raison de le prétendre, n'est pas obligée de nous tenir tous sous la verge de l'autorité absolue; elle peut même nous faire libres si tel est son bon vouloir, et, ce qui est pis, elle peut donner la liberté aux uns et la refuser aux autres; elle peut accorder certaines libertés, dangereuses pour des catégories entières de citoyens, lorsque d'autres n'obtiennent pas, en même temps, des libertés corrélatives.

Aujourd'hui tout, ou à peu près tout, dépend de l'administration. Elle permet aux uns de se réunir et le défend aux autres; elle permet à *Pierre* de vendre ses livres ou son journal sur la voie publique et le défend à *Paul;* elle veut bien que

Jean fasse des leçons d'économie politique et sociale conforme aux doctrines au-
toritaires, mais elle ne veut pas que *Jac-*
ques parle de Corneille ou de Molière.
Elle trouve bon que des présidents de conseils généraux, nommés par l'Empereur,
exaltent les mérites du Gouvernement impérial et fassent des cours de politique en
violation formelle de la loi, mais elle ne
souffre pas que ces corps, usant du droit
que la loi leur confère, émettent des vœux
inspirés par les besoins et par les intérêts
du département, lorsqu'elle peut alléguer
que ce ne sont pas des intérêts et des be-

soins exclusivement locaux. Elle encourage et pousse les conseils généraux et les conseils municipaux à voter des adresses, malgré les prescriptions formelles des lois, et elle dissout ou suspend ceux de ces conseils qui n'obéissent pas aux injonctions qui leur sont faites et réclament le libre exercice de leurs droits, comme le Conseil municipal de Toulouse.

Elle licencie l'École normale pour une lettre adressée à un sénateur; le *Moniteur* justifie cette mesure en ces termes : « *Les élèves ne doivent, ni individuellement ni collectivement, faire aucune démarche qui sorte de l'ordre scholaire;* » et, le lendemain, le *Moniteur* annonce que l'Empereur a reçu les adresses des fonctionnaires et des élèves du collége de Menton. Toujours deux poids et deux mesures.

Malgré la présentation de la loi sur la presse, qui doit faire disparaître l'autorisation préalable, l'administration accorde et refuse, sans avoir même à colorer ses refus d'un prétexte, la permission d'user d'un des droits les plus essentiels aux citoyens d'un pays libre, celui de publier leurs opinions dans la forme qui leur convient et sous le seul contrôle des lois de droit commun. Elle poursuit, devant les tribunaux, certains journaux, comme coupables du délit de fausses nouvelles, pendant qu'elle laisse les feuilles officieuses répandre les erreurs qu'il lui plaît d'accréditer, pendant qu'elle voit *ses communiqués* démentis et des faits, niés en son nom, prouvés pièces en main [1].

1. Je me bornerai à citer le dernier de ces démentis. Divers journaux avaient reçu un communiqué déclarant fausse la nouvelle de l'envoi de circulaires relatives à des exercices de troupes dans les campagnes ; ces journaux ont répondu en insérant des circulaires de préfets et de maires con-

Elle a, quinze ans durant, maintenu et renforcé des lois restrictives de l'initiative individuelle et collective en matière de sociétés, pour autoriser, par privilége, des compagnies de spéculation sans frein, qui ont enrichi leurs patrons et ruiné tant de malheureux, qui ont enlevé à la France des sommes immenses et qui succombent aujourd'hui autant sous le vice de leur organisation que sous le poids de leurs fautes.

On sait trop quelles prétentions l'admi-

tenant des instructions détaillées pour que les manœuvres ne fussent pas entravées par les populations.

nistration a élevées et quelles prétentions
elle a maintenues au sujet de l'ouverture
des lettres qui lui sont confiées. Grâce aux
doctrines qu'elle professe sur l'inviolabilité
des fonctionnaires, elle n'a pas besoin, pour
décacheter les correspondances, de prendre
la peine d'expliquer ou. d'atténuer de pa-
reils scandales; elle n'a pas besoin d'in-
voquer ou de provoquer des jurispru-
dences nouvelles. Il lui suffira d'exhiber
une attestation ministérielle portant que
l'intérêt de l'État exige que le secret des
familles soit profané par l'œil de la police
et qu'on fasse subir à tous les citoyens

une inquisition à laquelle les lois n'assu-
jettissent que les coupables placés sous la
main de la justice.

Par ces actes et par beaucoup d'autres
du même genre, ordonnés ou permis à
l'administration, le Gouvernement a mé-
rité qu'un membre de la majorité du Corps
législatif appelât sa politique UNE POLITIQUE
D'ÉQUIVOQUE ET DE CONTRADICTION.

Aussi, les fautes et les défaillances de
la politique extérieure venant mettre le
comble à l'inquiétude des esprits et au

trouble des intérêts, la sécurité a disparu et la prospérité publique n'existe plus que dans les colonnes du *Moniteur* et dans les harangues officielles. Agriculture, industrie, crédit public et privé tout souffre, tout périclite, et de quelque côté que les yeux se portent, ils ne rencontrent que sujets d'alarme et de tristesse.

Au dehors le spectacle n'est ni plus rassurant ni moins triste pour nous. Autour de nous l'Europe est engagée dans de grands desseins; les peuples conquièrent ou affermissent leur liberté, et la tutelle que nous subissons n'est imposée qu'à des pays avec lesquels la France aurait rougi d'être comparée il y a trente ans. Notre diplomatie n'est pas plus heureuse dans ses entreprises que dans ses circulaires; ce que nous avons tenté d'élever ou de maintenir, au prix de notre sang et de notre or, menace ruine ou s'écroule. Si notre gloire militaire reste éclatante et pure, nos victoires sont devenues stériles. Nous portons tout à la fois, la peine de notre abdication interieure et d'une politique étrangère, obscure, incertaine et vacillante.

Pendant ce temps quelle est la première préoccupation de beaucoup de ceux qui se disent les organes de l'opinion publique et qui aspirent à la diriger? Est-ce la revendication de nos libertés? Non; ils discutent sur la paix, sur la guerre, sur le pouvoir temporel, sur les nationalités, sur les unités que nous avons faites et sur celles que nous regrettons; mais point de retour sur eux-mêmes, point d'amende honorable, nul sentiment du ridicule de vouloir réformer et régenter autour de soi, quand on n'a pas su conserver et qu'on ne sait pas conquérir ce qui fait la force des na-

tions et leur assure l'influence et le respect.

Que faire ou que tenter ? Est-ce le Gouvernement impérial qu'il faut s'efforcer
d'éclairer ? Les avertissements ne lui ont
pas manqué, et chacun sait quel cas on
fait, dans les régions du pouvoir, des avertissements et des conseils; chacun sait
quelles prétentions on y affiche à cette in-
faillibilité hautaine, cause de tant de fautes et de tant de revers. Mais la nation,
qui souffre des fautes commises et qui les
expie chèrement, doit apprendre à se for-

mer une opinion sur ce qui la touche le plus. C'est là ce qu'il faut lui enseigner. Elle commence à comprendre combien il lui importe de choisir elle-même ses élus, et, quand elle le voudra, malgré tous les obstacles, elle le fera. Là est le salut de la France; car le pouvoir personnel, fermement combattu par les armes légales, sera contraint de céder à la volonté d'un peuple.

Nos grandes humiliations ne sont pas au dehors. Ce qu'il y a de moins digne d'une nation, c'est d'abdiquer ses droits,

de ne pas savoir où on la mène et d'aban-
donner la conduite de ses destinées à un
pouvoir unique, à peu près sans limites,
dont la vague responsabilité ne saurait
trouver de sanction dans l'exercice régulier des droits constitutionnels du pays.

TABLE DES MATIÈRES

IMPRIMERIE GÉNÉRALE DE CH. LAHURE.
Rue de Fleurus, 9, à Paris.